DE ODYSSEE van Drs. **P**

D1732413

DE ODYSSEE

van

Drs. P

NIJGH & VAN DITMAR
AMSTERDAM 2002

Inleiding/Voorbericht
Hier is lectuur voor u
Vol met verschijnselen
En dramatiek

Prachtige staaltjes van
Ongeloofwaardigheid
Onder deskundigen
Heet dat *epiek*

Was u in 't buitenland?
Slechte verbindingen?
En de verzorging
Niet steeds als verwacht?

Lees dan oplettend dit
Surrealistische
Reisverslag
Ooit door Homeros bedacht

Eerst even Troje nog
(Zie ook de *Ilias*):
Veel geschermutsel –
De strijd wordt beslecht

Dan komt Odysseus, met
Medeopvarenden
Weggereisd
Bij Lotophagen terecht

Lotus als etenswaar
Leidt tot vergetelheid
Sommigen worden daar
Sterk door bekoord

Echter, hij krijgt deze
Onheimweemoedigen
Met wat geweldpleging
Toch weer aan boord

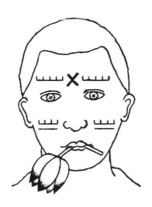

Daarna Sicilië
Waar Polyphemos woont
Die sluit hen allemaal op
In zijn grot

En de eenogige
Gastronomiebarbaar
Eet zes personen
Met innig genot

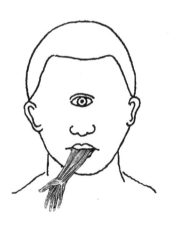

Allen straks hoofdgerecht?
Neen! De nog levenden –
Geenszins gespeend van
Courage en hoop –

Drijven een paalpunt nu
Alleronvriendelijkst
Recht in het oog
Van de wrede cycloop

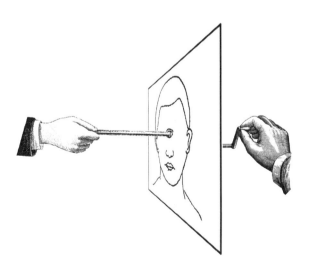

Leuke bijkomstigheid:
Schapen verblijven hier
Die moeten dagelijks
Worden gelucht

Door onze vrienden kan
Onderlichamelijk
Hangend, de bergholte
Worden ontvlucht

Volgende eiland dus
Woonst van god Aeolos
Die is Odysseus eens
Niet kwaadgezind

Hem wil hij dus in zijn
Luchtstroombeherende
Functie voorzien
Van een gunstige wind

Zeker is zeker, toch?
O. krijgt garantie mee:
Kwalijke winden
Geknoopt in een zak

Maar de bemanning denkt
Grootkapitaalbelust:
'Daar zit vast goud in –
Of minstens gebak!

Eventjes kijken, zeg!'
Zeer foute windvlagen
Blazen de vloot
Naar het eiland terug

Aeolos blijkt ditmaal
Ontegemoetkomend
'Goed ben ik wel
Maar niet gek,' zegt hij stug

! ! !

Weer bij Sicilië
O. stuurt twee lieden uit
Eén wordt gegeten
De ander snelt heen

Tja, die Laistrygones
(Kannibalistische
Reuzen), die waren
Altijd al gemeen

O. geeft het startbevel
'Zeil hijsen! Sop kiezen!
Snel!' Maar de vijanden
Zijn heel doortrapt –

Mikken een groot aantal
Intimiderende
Rotsblokken vlootwaarts
Slechts één schip ontsnapt

Dan naar Aeaea toe
(Zeg maar 'Ejeja' hoor)
Hier zetelt Kirke
Een tovenares

Dikwijls beoefent ze
Fantasmagorische
Kunsten – en niet per abuis
Maar expres

Kirke verwelkomt hen
'Simsalabim!' roept ze
En ze verandert
't Verbaasde publiek

Niet in primaten of
Onevenhoevigen:
Nu eens in zwijnen
(Toch ook wel komiek)

Knorrende menigte!
Eén is onaangetast:
O. kreeg destijds
Van god Hermes een kruid

Dat hem beschermt tegen
Metamorfosetrucs
Moly – ziehier
Hoe het aan wordt geduid

holy moly!

Nooit zoiets meegemaakt
Knorrige krulstaarten
Hebben al spoedig
Verwarring gezaaid

0. evenwel bereikt
Argumentatierijk
Dat de bezwering
Terug wordt gedraaid

Wat betreft Kirke nu –
Dochter van Helios –
O. vindt haar aardig
Hij blijft nog een jaar

En hij verwekt daarbij
Intimiteitshalve
Ene Telegonos
(Zoon dus) bij haar

Zij harerzijds maant hem:
'Ken je Teiresias?
Daal in de Hades af
Raadpleeg zijn geest

Want in zijn weergaloos
Prognosticatorschap
Is hij al velen
Behulpzaam geweest'

Raadpleging afgedaan –
Volgende opgave:
Tussen twee monsters
Passeren; riskant!

Een heet Charybdis. Zijn
Metabolistische
Inrichting is, mag men zeggen
Frappant

Grote hoeveelheden
Water (met vaartuigen)
Slokt het naar binnen
En braakt het weer uit

Driemaal per dag maakt het
Consideratieloos
Op deze wijze
Veel zeelieden buit

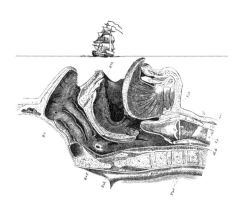

Iets om te mijden dus
Maar hij is roekeloos
Die zich te ver
Daarvandaan heeft gewaagd

Immers, door Skylla – daar
Rechttegenoverstaand
Wordt de toerist
Even grimmig belaagd

Voor de volledigheid:
Skylla's geschiedenis
Wordt hier vooraf
Nog maar even verstrekt

Zeegod Poseidon had
Voluptueuselijk
Haar bij een
Sterfelijk wezen verwekt

ahum -

Daar kwam zijn vrouw achter
Onmin in 't huishouden
Want Amphitrite
Was zeer lichtgeraakt

Dus met behulp van haar
Bovennatuurlijkheid
Had ze van 't wichtje
Een monster gemaakt

Skylla – men beeft voor haar!
Gruwelijk fabeldier:
Driemaal vier poten
Zes koppen (geblaf)...

't Schip komt erdoor, maar niet
Onverliesgevende –
Zes lieden vonden
Een monsterlijk graf

waf waf! -

Nu dan Poseidon weer:
Wat u nog weten moet –
Hij heeft een zoon
En die maakte men blind

('t Is Polyphemos, de
Eerderbehandelde)
Hij is Odysseus
Dus niet goedgezind

Nieuwe onveiligheid:
Daar op die rotspartij
Wordt door Sirenen
Aan schipbreuk gedaan

Door haar wellustige
Coloratuurgezang
Is menig vaartuig
Te gronde gegaan

O. was verdacht hierop
Zeelieden bonden hem
Op zijn instructie
Zeer degelijk vast

('t Scheepsvolk heeft zelf, dankzij
Stemgeluidwerende
Was in de oren
Van 't zingen geen last)

'Dit klinkt verrukkelijk!
Naar die Sirenen toe!
Mensen, o maakt me toch los!'
Jammert hij

Ook zingt het dameskoor
Amorosissimo...
Niets wordt gehoord
En ze varen voorbij

Dus maar weer dobberen
Wat zal zich nu voordoen?
Daar doemt Thrinakia
Op uit de zee

Helios heeft er een
Veehouderijbedrijf
Goed – geen bedrijf dan
Maar wel veel stuks vee

'Kijk, jongens! Runderlap!'
Dat wordt dus veediefstal
Helios vraagt om
Vergelding hiervoor

Oppergod Zeus stuurt een
Allesverwoestende
Bliksem omlaag
Heel het schip gaat teloor

Drastische maatregel!
Groot personeelsverlies
O. is gelukkig ontsnapt
Hij alleen...

Zie, een stuk wrakhout is
Reddingbevorderend
Treurig drijft hij
Van het ramptoneel heen

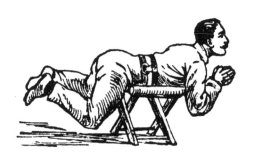

Moeizaam vooruitkomen...
Eindelijk land in zicht
(Roepnaam: Ogygia)
Dat blijkt bewoond

Zeenimf Kalypso is
Bloedsomloopaandrijvend
O. ziet zijn inspanning
Ruimschoots beloond

(Haalt men het boek erbij:
Andere volgorde!
Wees niet wanhopig
Ik geef u een hint

Dit is in feite het
Oriënteringspunt
Waar het verhaal
Van Homeros begint)

'Maak het u makkelijk!
Wat mag ik inschenken?'
En na een kort
Ongedwongen gesprek

(Geen fascinerende
Seksuologische
Inkijkjes hier
Wegens ruimtegebrek)

Zeven jaar samenzijn
'Laat mij een voorstel doen
Lieveling, wil je
Onsterfelijk zijn?'

O., niet geheel en al
Onverantwoordelijk:
'Neen, ik wil huistoe
Op korte termijn'

'Over mijn lijk!' krijst ze
'Hier zul je blijven, hoor!'
'Zeus,' smeekt Odysseus
'Toe, doe er iets aan!'

Zeus, schoon niet wars van het
Concubinaatswezen
Spreekt tot Kalypso
O. mag dan toch gaan

Kort intermezzo nu:
Hoe is 't in Ithaka?
Daar wacht Penelope
Trouw op haar man –

Namelijk O., van wiens
Avonturiersbestaan
Ver buitenshuis
Zij geen weet hebben kan

Wat is haar woongerief?
Ronduit paleiselijk!
Koning Laërtes
(De vader van O.)

Wel, diens vermogen is
Ontegenzeggelijk
Groot. Doch de toestand
Is niet comme il faut

Weg is de echtgenoot...
Mindere machthebbers
Dingen daarom
Onbeschaamd naar haar hand

'Laat hem toch stikken, die
Onsympathiekeling!
Heus, hij is dood
Of zit vast in een land'

Niet alleen zeuren zij
Ook zijn ze klaplopers
Want hun beschaving
Is uiterst summier

Dus onverschrokken en
Welgemanierdheidloos
Maken ze in het paleis
Goede sier

En dat gesoebat steeds...
Echter, hun aandringen
Wordt door Penelope
Schrander geremd

Want zij beroept zich op
Activiteitsnoodzaak
Nopens een kleed
Voor Laërtes bestemd

'Hebt wat geduld, heren
Eerst nog dit staatsiekleed
Daar wordt
Mijn ganse bestaan aan gewijd

Dit is niet zomaar een
Frivolitéwerkje –
Dit vraagt om kunde
En aandacht, en tijd

Neem nu de kleurschikking:
Ziet u dat randje hier?
Daarvoor gebruik ik
Athmonisch lichtblauw

In combinatie met
Stenycharusobruin
Mits gedoseerd!
Ja, dat luistert heel nauw

Dan het borduren hè?
Alles is mogelijk
Vaak heb ik
Met de gedachte gespeeld:

Zou ik niet beter de
Semiverkortingssteek...'
'Ja, we begrijpen het'
Klinkt het verveeld

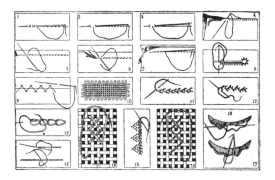

O, die langdurigheid!
Altijd maar afwachten
Immers, des nachts
En strikt onopenbaar

Peutert Penelope
Temporisatiegraag
Wat was voltooid
Grotendeels uit elkaar

Dagelijks piekert zij:
'Waar blijft Odysseus toch?
Twintig jaar weg –
Dat is niet meer gewoon

Is hij soms af van dat
Vaderlandminnende?
Denkt hij dan niet
Aan zijn vrouw en zijn zoon?'

Treurnis! Onzekerheid!
Dan zegt Telemachos:
'Laat ik proberen nu
Of ik hem vind

Wordt het wellicht ook een
Levensgevaarlijke
Speurtocht – ik moet!
Daarvoor ben ik zijn kind

Ja, 't is noodzakelijk
Want de bevolking hier –
Jarenlang deed ik
Mijn uiterste best

Om hen tot moord op dat
Afgrijzenwekkende
Tuig te bewegen
Het baatte geen pest!'

Reisspullen ingepakt
T. roept Athene aan
Deze (als Mentor vermomd)
Staat hem bij

Eerst zoekt hij Nestor op
(Stadsheerschappijvoerder)
Die staat bekend
Om zijn welsprekerij –

Stuurt hem naar Sparta door
Is Menelaos daar?
Ja; en die zegt:
'Ooit heeft Proteus bericht

Waar O. eens toeven zou –
't Alleronvindbaarste
Eiland Ogygia'
T. is ontsticht

Waar ligt Ogygia?
Geen die het zeggen kan
Is het nog zinvol
Om verder te gaan?

Steunend op grondige
Geografiekennis
Komt hij ten slotte
In Ithaka aan

Thuis dus van weggeweest
Wat het paleis betreft
Daar ziet hij
't Ons reeds bekende tableau

Wangedrag! Pressie! Maar
Onoverspeligheid!
Lees wat inmiddels
Gebeurd was met 0.

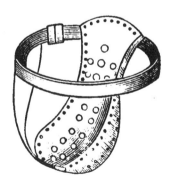

Na enig rondzwalken
Weer een belevenis
O. krijgt dan ergens
Opnieuw vaste voet

Daar treedt een meisje, de
Strandlevenlievende
Mooie Nausikaä
Hem tegemoet

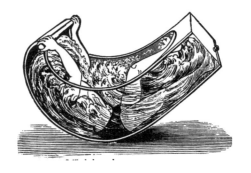

Zij is een koningskind
(Vader: Alkinoös
Moeder: Arete)
En heeft een idee

Bij de Phaiakes, een
Allergemoedelijkst
Volkje, mag alles
Dus neemt ze hem mee

'Welkom, o vreemdeling!'
O. is erkentelijk
Zonder een kans
Op beheksing of dood

Wordt onze vriend door het
Gastvrijheidslievende
Echtpaar gulhartig
Aan tafel genood

Een cordon-bleumenu
Smakelijk eten dus
En wie de hartslag
Aanzienlijk versnelt

Dat is de gast, die zijn
Adembenemende
Reisavonturen
Zeer kleurrijk vertelt

Dagen van woongenot
Dan een bekentenis:
''t Is een inwendige stem
Die ik hoor

Ook al verblijf ik hier
Huisgenootschappelijk
Ithaka roept mij!
Ik moet ervandoor'

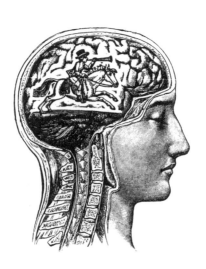

O. krijgt een vaartuig mee
(En een bemanning zelfs:
Zonder dat werd het
Nog heel wat gedoe)

'Schrijf je nog eens?' roept de
Temperamentvolle
Jonge prinses
Van de kade hem toe

Niet slechts een schip kreeg hij
Rijke geschenken ook
En 't 'Goede reis!'
Was van harte gemeend

(Wel wordt na 't aanmeren
Wraaklustbevredigend
't Zeekasteel
Bruut door Poseidon versteend)

Na alle opwinding
Even tot rust komen
Ter informatie:
Men is buitengaats

Maar op de hele, toch
Grensoverschrijdende
Route naar Ithaka
Vindt er niets plaats

Nergens een zeemonster
Tovenaressen: geen
En kannibalen
Al even absent

Wat voorts het weer betreft:
Zeevaardersvriendelijk
Kalmte, kortom
Als men zelden daar kent

Daar is de thuishaven!
Vrolijk naar huis gesneld?
Risico loert ook
Aan 't eind van de reis

Raad van Athene: 'Draag
Argwaanbestendige
Bedelaarsuitrusting
Rond het paleis'

O. spreekt Eumaeos aan
(Trouwe paleisdienaar
Varkensbeheerder
Was altijd zijn vak)

Kan het ook nauwelijks
Oncomfortabeler –
Graag komt de reiziger
Daar onder dak

Ei, dan duikt Argos op
(Hond die hij achterliet)
Deze herkent hem
En sterft met een blaf

Ook Antikleia, zijn
Zilvergrijsharige
Voedster
Komt danig ontroerd op hem af

waf!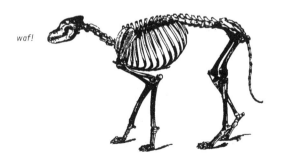

Vluchtig paleisbezoek
Nederig uitgedost
Dient hij 't geboefte
Tot stijlloos vermaak

Iros, factotum en
Schobberdebonktype
Uit zich kleinerend
Dus O. breekt zijn kaak

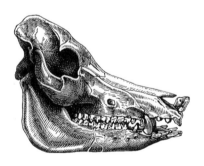

Wat een verrassing, zeg!
Daar is Telemachos
Prompt wordt
Een vreugdevol weerzien belegd:

Vader blijkt aangeland –
Ongeblesseerdelijk
(Trouwens, dat was al
door Nestor voorzegd)

Nu weer Penelope:
Haar sabotagewerk
Is door een paar dienaressen
Verklapt

En de bandieten zijn
Apoplexiewekkend
Nijdig, omdat
Ze erin zijn getrapt

Basta! Geen uitstel meer
P. moet een man kiezen
'Goed dan; ik heb meneer X
Op het oog –

Namelijk hij die als
Onevenaarbaarste
Om weet te gaan
Met Odysseus zijn boog'

'Boogschieten? *Boogschieten?*
Daar moet wel plaats voor zijn!
Is hier een ruimte
Die daaraan voldoet?'

'Zeker: daarginds in de
Evenementenhal
Kan het – geheel regulair
Zoals 't moet'

(List en bedachtzaamheid:
't Indringerswapentuig
Was door Odysseus
En zoonlief verstopt

Denkt u dat velen hun
Doodsschrikaanjagende
Spullen weldra zullen missen?
Dat klopt)

Moeilijke opgave
(Ruimte genoeg, dat wel!
Goed dat men hier
Zo royaal is behuisd):

Twaalf ringen moeten met
Haarscherpnauwkeurigheid
Door 't projectiel (pijl dus)
Worden doorsuisd!

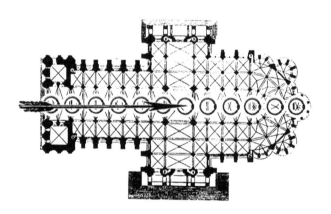

Eerst mag een opschepper
'Even verhapstukken –
Fluit van obole'
Zo luidt zijn betoog

Wat hij presteert is een
Modderfiguurlijke
Weergave van het gebruik
Van een boog

Anderen volgen hem
Dit wordt belachelijk
Geen van hen speelt
(Krachtig hijgend) iets klaar:

Weinig precisie, plus
Musculatuurtekort
Logisch – die boog
Is onmenselijk zwaar

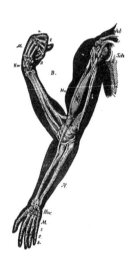

Dan komt de bedelaar
(Daverend hoongelach)
Hij toont zich vlot
Tot de krachttoer in staat

Aanstonds bespeurt men een
Temperatuurverschil:
IJzige stilte
In 't warme klimaat

Dicht zijn de uitgangen
Weerloos de uitvreters
0. is tevreden:
Het recht krijgt zijn loop

In zijn ad hoc aanvaard
Exterminatorschap
Schiet hij hen allen
Bedaard overhoop

Stel u de rommel voor!
Wel, die wordt opgeruimd
Ook gaat Odysseus
Straks beter gekleed

Voorts krijgt Penelope
Allerschoondochterlijkst
't Galagewaad
Voor Laërtes gereed

Mooie voleindiging
Luid wordt hij toegejuicht
Die thans de functie
Van koning vervult

Volksdans! Versiering! Een
Festiviteitenroes!
Vuurwerk? Dat niet
Maar toch erg veel tumult

Wat een bedoening, hè?
Kon u het bijhouden?
Hopelijk gaf de lectuur
U plezier

Rust nu maar uit, want het
Eeuwigheidswaardige
Dichtwerk genaamd *Odyssee*
Eindigt hier

(Wat ik nog zeggen wou:
Dit is niet echt gebeurd
Neemt u de mythologie
Maar voor lief

Of voelt u meer voor de
Peloponnesische
Oorlog? Ook mooi hoor
En niet zo fictief)

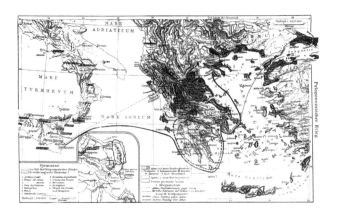

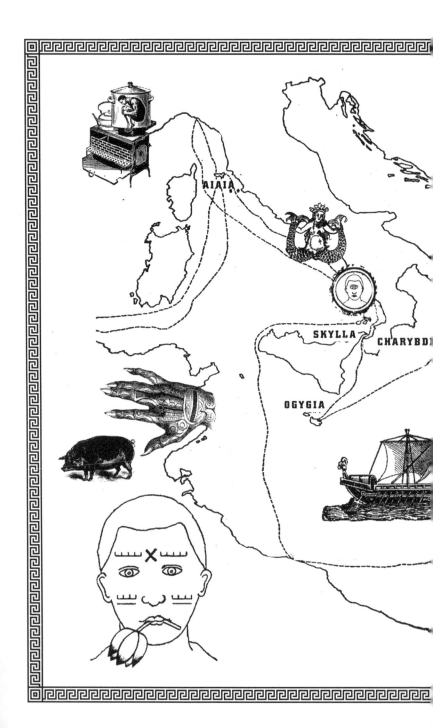

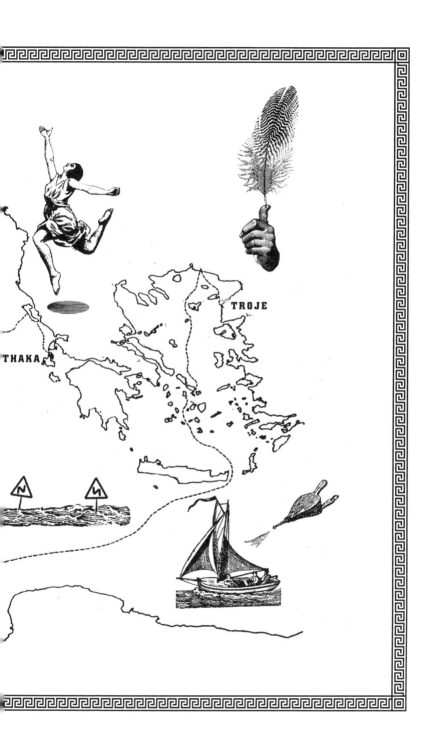

Colofon

Drs. P herschreef *De Odyssee*
op uitnodiging van het literaire
tijdschrift *De Koperen Ploert*.
Het is een reis door de Méditerranée
in 79 ollekebollekes geworden.
Deze Odyssee zal te zijner tijd opgenomen
worden in *De Odyssee der Lage landen*,
een aflevering van *De Koperen Ploert*
die nog immer onderweg is...

Copyright © 2002 Drs. P
Boekverzorging, fotografie
en illustraties: Herman Geurts

NUR 306 / ISBN 90 388 1410 0